Couvertures supérieure et inférieure
manquantes

COUTUMES SINGULIÈRES

DE QUELQUES CONFRÉRIES ET DE QUELQUES ÉGLISES

DU DIOCÈSE DE LIMOGES

—

REPRÉSENTATIONS ET MYSTÈRES. — PROCESSIONS ET DANSES
— LES CORNARDS DE PAYZAC —

On a beaucoup disserté sur l'origine et le sens exact des bizarres cérémonies connues au moyen âge sous les noms de *Messe de l'Ane; Fête des Fous, des Innocents; Processions* ou *Fréries des Cornards*, et dont quelques vestiges subsistaient encore, à l'époque de la Révolution, dans un petit nombre de localités. Tous ces usages n'avaient pas une source commune : ils semblent, à qui les étudie avec attention, avoir emprunté à des cultes différents leurs rites primitifs, que le temps et l'ignorance devaient peu à peu dénaturer. S'il est fort possible que la Messe de l'Ane, par exemple, eût une origine chrétienne, on ne saurait mettre en doute que la plupart des divertissements du même ordre étaient d'allures toutes païennes, et conservaient, au sein des populations éclairées par l'Evangile, les antiques traditions des Saturnales et des Fêtes de Bacchus.

Notre dessein n'est pas d'insister sur des généralités qui pourraient nous mener fort loin, et excéderaient les bornes de notre compétence en même temps que les limites de cet article. L'unique but de notre travail est de signaler quelques vestiges, subsistant encore ou à peine disparus, de ces singulières réjouissances et de fêtes du même genre, dans l'ancien diocèse de Limoges, gardien si fidèle, si respectueux, si jaloux de ses vieilles traditions, et où se sont longtemps conservées tant de coutumes dignes de tout l'intérêt des érudits.

On a lieu d'être surpris de ce que nos chroniques et les docu-

ments de nos Archives n'offrent pas plus de traces de ces gros-
sières fêtes. — Disons-le bien vite, si elles mentionnent quelques
naïfs usages, les annales de l'Eglise de Limoges ne signalent
nulle part des désordres et des scandales analogues à ceux qui,
sous prétexte de divertissements populaires, souillaient ailleurs
jusqu'à l'autel des cathédrales. Et cependant l'ignorance de nos
populations a toujours été grande, et non moins grand leur goût
pour les spectacles et les cérémonies. La Révolution a passé sans
pouvoir déraciner nombre d'anciennes coutumes, que, la tour-
mente une fois apaisée, on a vu soudain refleurir. Si nous n'allons
plus, comme nos aïeux, assister, dans le cimetière de Saint-Martial
ou dans l'enclos de l'abbaye, « sous les Arbres », à la représen-
sation de ces mystères où les acteurs rappelaient les commence-
ments du Christianisme dans nos contrées (1), — où Virgile, à
la suite des prophètes et des sibylles, venait adorer l'Enfant-
Jésus (2) ; — si on ne se presse plus aux scènes naïves de *Job*, de
Joseph en Egypte, de l'*Enfant Prodigue*, du *Mystère de la
Passion* (3), — nous avons encore, chaque année, dans nos
églises, la représentation de la Crèche, avec les Mages et avec les
bergers vêtus de l'habit de droguet et coiffés du large chapeau
des paysans limousins; tous les sept ans se rouvrent les cérémonies célèbres de l'Ostension ; nous voyons, le dimanche de Quasi-
modo, *aux Châsses*, le jour de la Fête-Dieu et aux fêtes de
certaines confréries, s'avancer, entre deux haies de membres de
l'association, le petit saint Jean, avec son mouton et sa houlette,
— sainte Madeleine, les cheveux épars sur ses épaules, — saint
Martial, la mître au front, la crosse à la main, — sainte Véro-
nique, présentant au peuple la sanglante effigie. Ceux de nous

(1) *Nota quod burgenses de Caturco fecerunt ludum de miraculis Beati
Marcialis in cimiterio Santi Marcialis, prope crucem lapideam.* (Anonymum
S. Martialis Chronicon.) Cette représentation, qui eut lieu la veille du
jour de l'Ascension, en 1298, ne fut pas la seule donnée à Limoges par
les bourgeois de Cahors : nos Chroniques en signalent une autre à la
date du 3 des calendes de juin 1302, veille de l'Ascension également.

(2) *Mystère* provenant de la Bibliothèque de Saint-Martial. — Rappro-
chement curieux : d'après l'*Ordinarium*, ms de la Bibliothèque de Rouen,
où se trouve l'*Ordo processionis Asinorum secundum Rothomagensem usum*,
Virgile et la sibylle d'Erythrée marchaient à la suite des prophètes, dans
la procession qui se faisait le second jour de la fête. (De Busserolle,
Notice sur les fêtes des Anes et des Fous.)

(3) Actes capitulaires de Saint-Martial (xvie siècle) copiés par l'abbé
Legros d'après un manuscrit de M. de Lépine. (Mss du Séminaire de
Limoges.)

qui ont dépassé la trentaine ont pu voir de pieuses sociétés essayer de reprendre la tradition séculaire du drame sacré ; nous avons entendu les dernières tirades des rapsodies informes qui avaient jadis été les *mystères* de Sainte-Félicité et de Sainte-Valérie. Nos pénitents de toute couleur, dont la défroque, disposée avec art, excitait, il y a deux ans, la curiosité, presque la stupéfaction des visiteurs du palais des Champs-Elysées (1), viennent à peine de disparaître. Les confréries de Saint-Martial et de Saint-Aurélien, à Limoges ; de Saint-Léonard, dans la ville qui a gardé le nom de l'anachorète ; de Saint-Michel, à Solignac, etc., subsistent toujours, et beaucoup d'entre nous n'ont pas perdu le souvenir du temps, peu éloigné, où des enfants, revêtus de costumes assurément pittoresques, mais d'une fidélité historique qui n'était pas toujours irréprochable, jouaient, au milieu des processions, les principales scènes de la passion de Jésus–Christ, et figuraient les apôtres, les prophètes, les Macchabées (2). La religion, plus vive qu'éclairée, du public témoin de ces pieux spectacles le poussait à prendre à son tour un rôle dans la pièce, et ce n'était point le paisible rôle du chœur dans la tragédie antique. Plus d'une fois, dit–on, Judas fut maltraité et même poursuivi à coups de pierres, comme l'était souvent l'acteur chargé de représenter le personnage de Gautier Pradeau, dans la cérémonie instituée en commémoration de la découverte du complot tramé, en 1426, par un consul de ce nom, contre les franchises et l'indépendance de la ville de Limoges.

De même, à Saint–Léonard, on voyait, dans les rangs des membres de la Grande-Confrérie, s'avancer le saint ermite, le roi Clovis, la reine et leur *cour*, des troupes de captifs portant leurs fers brisés, etc. (3). Des scènes analogues étaient représentées, aux processions, dans les autres villes de la province.

Ces représentations furent interdites par Mgr de Tournefort, évêque de Limoges, en 1827, et l'autorité ecclésiastique ne toléra

(1) Exposition de 1875, dite « Galerie de l'Histoire du Costume en France ».

(2) Les sept Macchabées marchaient toujours dans les rangs des pénitents violets (confrérie de l'*Annonciation de l'Incarnation de Notre-Seigneur Jésus-Christ et du Stabat*).

(3) La confrérie de Saint-Léonard conservait plusieurs anciens usages en apparence fort étranges, et dont la signification s'était totalement perdue ; on sait qu'à certains jours, par exemple, les confrères, la main gantée, se jetaient l'un à l'autre du mortier ou de la boue, en répétant la formule consacrée : *Engâcho mé, t'engâchoraï !*

plus la présence dans les rangs des confréries que d'un ou deux enfants représentant les patrons de l'association.

Le P. Bonaventure de Saint-Amable nous a, dans son *Histoire de saint Martial*, conservé le récit d'une série de processions organisées par les Jésuites du collège de Limoges, en 1610, et qui surpassèrent en magnificence tout ce qui se fit par la suite et tout ce qui avait été fait jusqu'à ce moment. Le dimanche gras, 20 février, les élèves de cinquième, au nombre de 114, représentant « les hiérarchies célestes », et portant « les mystères de la Passion », parcoururent la ville; puis ce fut le tour des 104 écoliers de la classe de quatrième, « habillés en vierges, toutes en équipages blancs »; le lendemain, les 100 élèves de troisième, représentant les sibylles et les vierges martyres; ensuite les 60 membres de la Congrégation, habillés en pénitents; les 60 élèves de seconde, représentant les pères de l'ancienne loi, patriarches, rois, prophètes; les 40 élèves de la première classe, représentant les apôtres, les évangélistes, les docteurs. Une procession générale couronna ces solennités.

Notre diocèse n'avait pas le monopole de ces sortes d'exhibitions. A Aix, par exemple, dans la procession de la Fête-Dieu, figuraient, au dernier siècle, Jésus-Christ portant sa croix, Ponce-Pilate, Judas, les évangélistes, les animaux symboliques. Ailleurs, dans plusieurs villes de l'Espagne et de cette Flandre où se sont conservés tant d'usages espagnols, on promène encore des mannequins gigantesques, affublés quelquefois des plus riches vêtements.

En Catalogne, en Roussillon, on voit de loin en loin, dans les processions, apparaître, au-dessus des têtes, entre les haies formées par le clergé et les confréries, les représentations, en bois ou en plâtre, de diverses scènes du Nouveau-Testament. Ces groupes, qu'on désigne sous le nom de *mystères,* sont placés sur des brancards dont les porteurs font certaines évolutions. Ainsi, à Perpignan, dans les fêtes de la semaine sainte et de la semaine de Pâques, la statue de la sainte Vierge va au-devant du *mystère* de la Résurrection, et salue son Fils par trois fois, les porteurs de la statue se baissant et les deux premiers se mettant même à genoux.

En dehors des représentations dont nous parlions plus haut, et qui ont longtemps conservé à Limoges les vestiges de la fête des Innocents, — vers le milieu du XVIe siècle, on faisait encore, ce jour-là, des distributions extraordinaires aux enfants de chœur (1), — nous trouvons, dans la ville épiscopale, des traces non douteuses de réjouissances analogues à celles que nous mentionnions en tête de cet article. Nous voulons parler des danses par lesquelles le peuple célébrait certaines fêtes, notamment celle du patron de la cité. Pierre Bonnet, ancien payeur des gages au parlement, signale cet usage dans son *Histoire générale de la Danse sacrée et profane* (2), écrite au commencement du XVIIIe siècle : « On voyoit encore, dit-il, vers le milieu du siècle précédent, à Limoges, à la fête de saint Martial, apôtre du Limousin, le peuple danser en rond dans le chœur de l'église de ce saint, et qu'à (*sic*) la fin de chaque psaume, au lieu de chanter *Gloria Patri*, ils chantoient le langage du païs : *Saint Marceau, pregas per nous, et nous epingaren per vous !* Cette coutume s'est depuis abolie. » Nous ne sachions pas que, dans le cours du XVIIIe siècle, aucun de nos savants limousins ait démenti cette indication.

L'*Encyclopédie* et, après elle, le *Dictionnaire de la conversation* et plusieurs autres recueils du même genre ont reproduit presque textuellement ce passage du livre de Bonnet. Ils ont toutefois parlé de ces danses à l'article BRANDONS, et donné à entendre qu'elles avaient lieu le dimanche des *Brandons*, qui était le premier dimanche du carême. L'*Encyclopédie* fait également mention des coutumes limousines à l'article DANSE SACRÉE ; mais elle prétend, nous ignorons absolument sur quelle autorité, que le clergé prenait part aux danses de la fête de saint Martial ; elle ajoute que ces réjouissances avaient pour théâtre « l'église de Saint-Léonard, à Limoges », laquelle n'a jamais existé. Cette erreur a été religieusement reproduite par un assez grand nombre d'écrivains, et tout récemment par l'auteur d'une intéressante *Histoire de la Danse*, publiée dans le *Musée des familles*. — Notons que le P. Menestrier, dans la préface de son livre *des Ballets anciens et modernes*, assure que, dans quelques villes, les ecclésiastiques prenaient part aux danses par lesquelles on célébrait l'anniversaire de la résurrection ; rien ne prouve, d'ailleurs, il faut le reconnaître, qu'il eût en vue, dans ce passage (3), la coutume existant dans l'église de Limoges.

(1) *Actes capitulaires de Saint-Martial*, mss. déjà cité.

(2) Paris, d'Houry fils, rue de la Harpe, 1723.

(3) Voici la phrase textuelle : « J'ai vu, en quelques églises, le jour de Pâques, les chanoines prendre par la main les enfants de chœur, et, en chantant des hymnes de réjouissance, danser dans l'église ».

A propos de ce qui se passait le jour de la fête du patron
de l'Aquitaine, nous avons relevé, dans les Actes capitulaires de
Saint-Martial, déjà plusieurs fois cités, quelques lignes qui
pourraient se rapporter aux réjouissances dont parle Bonnet.
Le 10 juin 1539, le Chapitre décide qu'on ne fera point d'offrande
le jour de la fête de saint Martial, de peur de scandale. Pourquoi
redoutait-il du scandale ce jour-là et non les autres ? N'était-ce
point à cause des anciennes coutumes auxquelles nous faisons
allusion ? — Dans le même recueil, on trouve un peu plus loin
un passage bien plus significatif et plus précis, touchant la fête
de saint Nice, dont la célébration avait donné lieu, au moyen
âge, dans plusieurs localités, à certaines réjouissances de l'ordre
de celles que nous signalons : « Le 6 mars 1544, ordonné qu'on
ne feroit plus DANS L'ÉGLISE les vigiles de S. Nice, A CAUSE DES
EXCÈS QUI SE COMMETTOIENT LA NUIT, et d'après l'avis du Conseil,
qu'on avoit pris pour cela ».

En ce qui a trait à la fête des Brandons, nous ne saurions
affirmer d'une façon catégorique, sur la seule autorité de l'*Encyclopédie*, de l'*Almanach Limousin* et d'écrivains de notre siècle,
qu'elle fût célébrée à Limoges par des danses. On ne peut nier
toutefois que, dans certains diocèses, le peuple n'ait longtemps
conservé l'habitude de se livrer, le jour qu'on désignait sous ce
nom, à des divertissements profanes et médiocrement édifiants.
Une récente publication, due à la Société des Antiquaires de
Picardie : l'*Histoire de la ville de Doullens*, par M. Delgove,
curé de Long, constate (chap. VIII, § 1) qu'à Doullens il existait,
le jour des Brandons, des usages analogues à ceux qu'on a
signalés à Limoges. Beaucoup d'écrivains ont fait allusion à ces
bizarres coutumes. Jean Deslyons notamment en parle dans plusieurs passages d'un curieux livre, devenu rare aujourd'hui :
— « Qui ne sait, dit-il, la vanité des feux, des danses effrenées
qu'il (le Diable) avoit fait passer en coutume parmi les païsans, et
qui règne encore en plusieurs lieux de la France, sous le titre de
Dimanches aux Brandons. C'est ainsi qu'il a baptizé les premiers
dimanches de Caresme (1). »

Aucun écrivain limousin ne nous a laissé de détails précis sur
les danses *religieuses* qui ont pu se conserver dans la contrée,

(1) *Discours ecclésiastiques contre le Paganisme des roys de la Feve et du
Roy-boit*, par Jean Deslyons, prestre, docteur de la maison et Société de
Sorbonne, doyen et théologal de l'église cathédrale de Senlis. Paris,
Guillaume Desprez, 1664.

même après la période du moyen âge. Nous trouvons cependant la mention très-expresse de ces danses dans les Chroniques de l'abbaye de Saint-Martial, dont M. Duplès-Agier, sous les auspices de la Société de l'Histoire de France, a récemment donné une édition préparée avec soin, mais malheureusement incomplète. Sans parler de l'expression *tripudium*, qui y a été relevée, et qui ne nous semble pas tout à fait claire, le texte de Bernard Itier, auteur de la plus importante de ces chroniques, offre à plusieurs reprises le mot très-caractéristique de *chorea*, qui était le terme consacré, non-seulement dans le langage ordinaire, mais dans la langue ecclésiastique, pour désigner les danses accompagnées de chants qui avaient lieu, soit dans les églises, soit dans les cimetières ou sur les parvis (1) : — « ..... *Anno gracie M°CC°V° corea facta* (p. 70). ... *Anno gracie M°CC°XV° corea facta est in octavis sancti Marcialis, et gaudium magnum* (p. 93) (2).

Il n'est pas douteux que cette danse, *chorea*, ne fût exécutée à Limoges, et il n'y a rien de téméraire à supposer qu'elle avait pour théâtre l'abbaye, peut-être l'église même de Saint-Martial, puisqu'elle était destinée à célébrer la fête de l'apôtre d'Aquitaine. Les extraits de la chronique du XIII° siècle ne semblent-ils pas corroborer le passage que nous citions plus haut du livre de Pierre Bonnet ?

Les chroniques du pays nous font connaître que la veille de la fête de saint Jean-Baptiste et son octave étaient célébrées par des danses, comme celle de saint Martial. Quant aux feux de la Saint-Jean, la coutume n'en a pas encore disparu, malgré les

(1) *Prælati cum suis clericis ludunt vel in claustris, vel in domibus episcopalibus, ita ut etiam descendant ad ludum pilæ, vel etiam ad choreas.* (Durand, évêque de Mende : *Rational.*, lib. VI, c. 86.) — *Statuimus ut in Sanctorum vigiliis, in ecclesiis, histrionicæ saltationes seu choreæ non fiant.* (Actes du Concile d'Avignon de 1209, chap. XI.) — *Prohibeant sacerdotes ne fiant choreæ, maxime in tribus locis : in ecclesiis, in cœmeteriis et processionibus.* (Eudes ou Odon, évêque de Paris, *Constit. synod.*, cap. 36.) — *Item si laïci et mulieres intrent chorum et ducunt choreas in locis sacris...* (Gerson, *De Visit. prælatorum.*) — *Non licet ducere choreas in ecclesia, quando fit divinum officium.* (Décret, en forme de lettre, de l'Université de Paris, 1444), etc., etc.

(2) Dans un autre passage de la même chronique, nous retrouvons ce mot de *chorea*, appliqué à des réjouissances de même nature par lesquelles on célébrait l'octave de la Nativité de saint Jean-Baptiste : « *Anno MCCLxxiij, infra octavas Nativitatis Beati Joannis Baptiste, quidam pessimus murtrarius apud Petrasiam ducebat coream, et dum cantaret, etc.* (*Chronicon* B. Itherii, ed. Duplès-Agier, p. 161, 162.)

arrêtés de police municipale, qui, depuis bien longtemps, les proscrivent. A Tulle, le 23 juin, des feux de joie s'allument sur tout le parcours de la procession qui se fait encore ce jour-là en l'honneur du saint.

Presque partout dans le diocèse, on trouve trace de représentations de scènes bibliques ou de traits du Nouveau Testament, mêlées aux cérémonies religieuses. Nulle part elles ne paraissent avoir eu lieu dans l'église; mais les acteurs y entrent, revêtus de leurs costumes et mêlés aux membres de l'association à laquelle ils appartiennent. Ils ont souvent une place spéciale dans le chœur, pendant l'office. Les confréries conservent, du reste, le monopole de ces spectacles. Dans une réunion préparatoire, on met les rôles aux enchères, et les parents se disputent, à beaux deniers comptant, le plaisir et l'honneur de voir leurs enfants représenter Jésus-Christ, la Vierge, sainte Madeleine ou sainte Valérie. Le roi et la reine, l'empereur et l'impératrice, paraissent aussi dans ces défilés symboliques, où la puissance séculière a sa place auprès de l'autorité ecclésiastique, — et ces rôles ne sont pas les moins recherchés, à cause de la richesse des vêtements dont on affuble les petits acteurs. Aux XVIIe et XVIIIe siècles, on ne voit dans beaucoup de fréries figurer que des personnages de cet ordre. Nous avons en notre possession une curieuse pièce intitulée : *Etat de la frérie du Très-Saint-Sacrement de la paroisse du Vigen, en 1783*, et qui donne la liste complète des *figurants* que cette Compagnie fournissait à la procession : *porte-croix, premier porte-enseigne, second porte-enseigne, le roi, la reine, le dauphin, la dauphine, porte-pavillon, porte-bannière, porte-bourse, porte-flambeau, le mignon, la mignonne*, etc. Un document publié par M. A. Leymarie (1) reproduit une nomenclature analogue pour la *frérie* de Saint-Antoine d'Ambazac, en 1624-1626. On y voit figurer des personnages caractéristiques : *le premier danseur, le premier tireur de bagues, le Fou-du-Roi, le Taste-Vin, Faire-à-sa-guise*, etc. Dans plusieurs paroisses de la Creuse, M. Auguste Bosvieux a relevé des listes analogues. Les *états* de la confrérie de la Nativité-de-Notre-Dame de Saint-Sylvain de Guéret en 1605 et 1609 comprennent toutes les grandes charges de la couronne, cinq demoiselles d'honneur, la lingère et la chandelière de la Reine, plus le mignon du Roi et la mignonne de la Reine. A Saint-Pardoux-les-Cards, en 1618, on

(1) *Le Limousin Historique*, p. 70.

trouve une quantité de fonctions encore plus considérable. A côté
de l'archevêque, de l'évêque, du connétable et de l'amiral, paraissent les mignons, le cuisinier du Roi, Va-à-sa-guise, Danse-
à-la-file, Danse-quand-il-lui-plaît et autres semblables (1). Partout
c'était, comme nous le disions tout à l'heure, à prix d'argent
que la confrérie concédait ces dignités éphémères, ces emplois
burlesques à ses membres ou aux parents ambitieux de voir
leurs enfants jouer un rôle en vue dans les cérémonies. On
appelait ces enchères la *mise des états*. Plusieurs compagnies
de Pénitents, à Limoges, faisaient ainsi payer à leurs membres l'honneur de porter la croix de la Compagnie dans les
processions. Certaines confréries de la même ville, celles notamment des Blanchisseuses (*lou Peyleu*), des Bouchères (*lou
Pití-Ventréi*), de Notre-Dame-de-Lorette (*lou Loriol*), ont
conservé jusqu'à nos jours cet usage, au moins en ce qui a
trait à la désignation du roi et de la reine. — De même, dans
certaines villes du Nord, on mettait aux enchères le bâton, qui
était un des principaux insignes des joyeuses confréries établies
à Beauvais, Doullens, Amiens, Corbie et dans bien d'autres
localités.

Ajoutons que les festins et les danses qui accompagnaient
la célébration de ces fêtes étaient souvent signalés par des désordres. On trouve aux Archives de la Haute-Vienne plusieurs
ordonnances épiscopales ayant trait à l'interdiction des réjouissances profanes qui marquaient certaines fréries.

Plus de quarante villes ou bourgs du diocèse possédaient des
associations de Pénitents ayant les mêmes statuts et, à peu de
chose près, le même costume que les Pénitents de Limoges : sac
à longues manches, capuchon maintenu par un chapeau pointu,
et d'où pendait un voile cachant la face, cordon en guise de
ceinture. Dans les principales localités, une confrérie spéciale
avait reçu ou s'était donné la mission de fournir une garde aux
reliques des saints pendant la durée des Ostensions (2) et surtout
de relever l'éclat de ces solennités soit par des processions ou des
promenades en armes, comme c'est encore l'usage dans la ville
épiscopale, soit par des réjouissances de diverses sortes, et en
particulier par des représentations de sujets pieux. En 1850, on
joua pour la dernière fois, à Limoges, devant l'église cathédrale,

(1) Mémoires de la Société des Sciences naturelles et archéologiques
de la Creuse, T. II, p. 414.
(2) *Almanach Limousin*, années 1862 et 1863.

un très-ancien mystère, dit *de Sainte-Félicité*, et dont nous ne croyons pas que le texte, souvent remanié du reste, et confié à la mémoire des membres d'une confrérie, ait jamais été écrit ou imprimé. A Saint-Junien, en 1869, des scènes de la vie de saint Amand et de son disciple étaient reproduites sur des théâtres en plein vent. L'année 1876, qui a vu le retour des fêtes septennales de l'Ostension, nous a fait assister au réveil de plusieurs de ces compagnies, dont la plupart ne donnent guère signe de vie qu'à cette époque.

Parmi les associations fondées dans un but de piété ou de charité, et dont les membres n'avaient gardé de leurs anciennes coutumes que l'habitude de se réunir de loin en loin pour fêter, par des banquets et des réjouissances, certains anniversaires consacrés, il faut donner une place à part aux sociétés connues sous le nom de *Confréries de Cornards*, et qui paraissent avoir existé dans plusieurs localités de l'ancien diocèse de Limoges. Les us et coutumes de ces joyeux compagnons se rapprochaient sur plusieurs points de ceux des *Fous* et des *Cornards* du moyen âge. A notre grand regret, nous n'avons pu découvrir, sur ces sociétés, que de rares indications. Il n'est pas douteux cependant qu'elles n'eussent de fort anciennes racines dans les endroits où elles s'étaient conservées.

Une lettre attribuée, à tort peut-être, à l'abbé Lebœuf, et insérée au *Mercure* du mois d'avril 1725, donne quelques renseignements précieux sur le personnage qu'on désignait, à Evreux, sous le titre grotesque *d'abbé des Cornards*. C'était le président d'une société qui, avec l'autorisation du Parlement, se livrait à des facéties d'un goût souvent contestable. — *Cornard* ou *conard* serait un vieux mot ayant le sens de chansonnier, diseur de bons mots et de plaisanteries. Tout le monde lui connaît une autre signification, et ce n'est pas d'hier qu'elle lui a été donnée : quelques anciens auteurs se servent de mots réputés *gaulois* en leur attribuant le même sens, exactement, qu'ils ont dans Rabelais, et Artémidore (*des Songes*, livre II, chap. 12), dit très-catégoriquement : Ἡ γυνή σοῦ πορνεύσει, καὶ τὸ λεγόμενον κέρατα ἀνθρωποιήσει... On ne saurait mieux parler en français.

Quoi qu'il en soit de la première étymologie que nous avons indiquée, et qui, nous le confessons, ne nous paraît pas la bonne, les membres des soi-disant confréries de *Cornards* la justifiaient pleinement, étant avant tout de bons compagnons et des amateurs de joyeusetés de toutes sortes. S'ils méritaient d'une autre façon le titre dont ils aimaient à se parer, c'était par surcroît, et la chose, n'ayant rien d'archéologique, ne saurait nous regarder.

L'honneur d'être abbé des Cornards fut longtemps recherché. Les compères de ce noble personnage lui faisaient, à certaines époques, un grotesque triomphe. Ils se réunissaient et sortaient en grande pompe d'Evreux, escortant leur chef, lequel était monté sur un âne et affublé du plus bizarre accoutrement. Le jour de Saint-Barnabé était la date ordinaire des réjouissances des Cornards; réjouissances qui parfois donnèrent lieu à de graves désordres.

A Rouen, il existait, dans l'église de Notre-Dame-de-Bonne-Nouvelle, une confrérie de Cornards dont la fête se célébrait pendant le carnaval. On connaît d'autres sociétés du même genre en Picardie, en Flandre, etc.

Un assez grand nombre de conciles, celui de Bâle notamment. avaient proscrit les représentations théâtrales qui étaient données dans les lieux sacrés et les ridicules cérémonies par lesquelles on célébrait, dans certaines villes, la fête des Fous et celle des Innocents; les bouffons virent se fermer devant eux les portes des églises. Toutefois, si leurs bruyants ébats en furent bannis (1). et si l'autorité ecclésiastique les obligea de transporter la scène de leurs divertissements soit sur les parvis ou les places publiques, soit à l'intérieur des édifices, les confréries de cet ordre n'en conservèrent pas moins l'habitude d'assister en corps à des messes pour le repos de l'âme des membres de la compagnie. Ce fut, en général, le dernier usage religieux qui subsista parmi ces sociétés, dont la plupart s'éteignirent aux XVIe et XVIIe siècles. et dont il ne restait qu'un bien petit nombre aux approches de 1789.

Depuis longtemps on désigne, à Limoges et dans la banlieue,

---

(1) Ne faut-il pas voir un dernier vestige de ces réjouissances dans un usage qui ne s'est éteint qu'à la Révolution? Le jour de la frérie de Montjovis. près Limoges, les membres d'une association religieuse qui a subsisté jusqu'en 1832 assistaient en corps à une messe qu'ils faisaient dire dans l'église de Saint-Michel-des-Lions. Ils étaient précédés de joueurs de musettes et de drapeaux ornés de grappes de raisins. Les musettes se faisaient entendre à l'élévation et remplaçaient l'orgue. Ainsi le voulait la coutume. — Une autre confrérie, celle de Notre-Dame-la-Joyeuse ou des Pastoureaux, payait chaque année des joueurs de hautbois pour accompager pendant la nuit de la Nativité ses membres, qui visitaient en cortége les églises, et pour exécuter de vieux noëls devant la crèche où était représenté l'Enfant-Jésus.

sous le nom de *Frérie des Cornards*, l'assemblée annuelle qui a lieu au village de Saint-Lazare, à peu de distance de la ville. Nous ne saurions préciser ni la raison ni l'origine de cette dénomination. Une seule particularité caractéristique mérite d'être relevée à ce sujet : les cabaretiers de l'endroit décorent l'entrée de leurs maisons de cornes de béliers ornées de rubans. Cet insigne remplace, ce jour-là, le bouchon traditionnel. — Cette *ballade* est, de temps immémorial, fixée au dimanche de la Passion. Avant la Révolution, on exposait toute la journée à la vénération des fidèles, dans l'église de la localité, aujourd'hui détruite, une relique de saint Lazare, à laquelle le peuple de Limoges était fort dévot; mais, comme, de l'aveu de l'abbé Legros, cette fête donnait lieu à des abus, le curé de Sainte-Félicité, dont la paroisse avait englobé celle de Saint-Lazare, transporta, en 1779, la relique dans son église. La population en manifesta un vif mécontentement (1).

Il n'est pas improbable qu'une association de *Cornards*, établie à Limoges, et tenant, comme la plupart de celles du Nord, ses réunions hors des murs, eût choisi Saint-Lazare pour lieu favori de ses joyeuses agapes. Le nom que prenaient les bons confrères serait resté à la fête patronale dont le retour les appelait chaque année autour de la table de quelque hôtelier renommé de la banlieue..., mais c'est là une pure hypothèse, que ne justifient pas d'une façon suffisante les vagues renseignements donnés à ce sujet par une tradition d'apparences très-peu sûres. Ajoutons que, à notre connaissance, il n'a pas été découvert un seul document qui mentionne, à une époque quelconque, l'existence à Limoges d'une confrérie de cette espèce. — Nous trouvons seulement, dans une note de l'abbé Legros et dans un passage des manuscrits de dom Col, mention d'une société qui pouvait avoir quelque analogie avec les *Cornards* : elle était connue à Limoges sous le nom de *Bande-Joyeuse*, et ses exploits furent assez bruyants pour appeler l'attention du parlement de Bordeaux, qui rendit, en 1565, un arrêt à l'effet de réprimer les excès commis par ses membres.

Une autre *ballade*, qui se célèbre aussi aux portes de Limoges, sur la route d'Ambazac, porte le nom de frérie des *Cornardes* ou des *Cornettes*. Nous ignorons d'où lui vient cette dénomination,

(1) LEGROS, *Abrégé des annales du Limousin*, T. II, p. 247. (Mss du Séminaire de Limoges.)

moins ancienne au surplus, croyons-nous, que celle donnée à la frérie de Saint-Lazare.

Nous n'avons pas été heureux dans nos recherches sur quelques autres sociétés du même genre qui nous avaient été signalées. Il nous a été impossible d'en retrouver non-seulement les traces, mais même le souvenir, dans les localités où elles auraient autrefois existé. Toutefois, en feuilletant, aux Archives départementales de la Haute-Vienne, les anciens dossiers du fonds de l'Evêché, nous avons eu la bonne fortune de mettre la main sur des pièces concernant la *Confrérie des Cornards* de Payzac. — Payzac, bourg du département de la Dordogne, appartenait au diocèse de Limoges avant la Révolution.

A quelle époque remontait la fondation de cette compagnie, c'est ce qu'il serait difficile de dire, et ni M. le Curé actuel de Payzac ni M. du Mas-Payzac, que nous avons consultés, n'ont pu, à cet égard, nous donner de réponse satisfaisante. Ils connaissent l'un et l'autre l'existence de la prétendue confrérie, et le second nous confirme ce qui nous avait déjà été dit de l'existence d'autres associations semblables en Périgord et en Limousin ; mais de données précises ils n'ont pu nous en fournir aucune.

Ce qu'il y a de certain c'est qu'il s'était formé, au bourg de Payzac, une société dont les usages rappelaient ceux des Cornards d'Evreux et des Flandres, d'une façon, il est vrai, fort imparfaite, mais offraient avec certaines pratiques ordinaires aux associations de cette espèce une analogie remarquable, et qui ne saurait être attribuée au hasard. Cette société prenait le nom de confrérie, et ses facéties faisaient depuis longtemps sans doute le désespoir des curés de l'endroit, lorsque, en 1770, cinq prêtres de Limoges, MM. Lagasnerie, Cabanis, Gourseaud, Brunie et Lenoir, furent envoyés à Payzac pour y prêcher une mission. L'ecclésiastique qui administrait alors cette paroisse, M. de Vaugoulour, leur fit connaître les « excès et scandales » dont la prétendue confrérie se rendait chaque année coupable. Tous ses efforts pour parvenir à l'abolition de ces ridicules usages demeuraient infructueux, comme l'avaient été ceux de ses prédécesseurs. Les missionnaires réconfortèrent M. de Vaugoulour : il fut arrêté qu'on s'adresserait à l'évêché pour dénoncer les pratiques des *Cornards,* et obtenir que l'autorité portât remède à de tels abus. Les six ecclésiastiques envoyèrent donc à Mgr du Plessis d'Argentré un mémoire assez détaillé signalant en ces termes les désordres auxquels ils espéraient voir mettre fin :

« MM. les bourgeois de l'endroit auroient un grand bois de

cerf et même de daim, avec quelques autres cornes de différentes espèces, qu'ils attacheroient ensemble avec des rubans de diverses couleurs, et les porteroient en grande cérémonie chez tous les nouveaux mariés pour les leur faire honorer de la manière suivante :

» On choisit ordinairement un homme dont la réputation est hors d'équivoque sur cet article ; on le fait monter d'une manière ridicule sur un âne encore plus ridiculement paré, et on le conduit avec un pompeux désordre à la porte du nouveau prosélyte, qui vient les recevoir en cérémonie. Il se met à genoux, les baise (les cornes) avec respect, les reçoit avec reconnaissance sur la tête, et est agrégé dès lors à cette honorable Société des Cornards, dont il se fait gloire d'augmenter le nombre. Si, par principe d'honneur, ou mieux encore de religion, il refuse de rendre à ces honteux et ridicules symboles du libertinage l'hommage humiliant qu'on leur rend dans le pays, les confrères se croient en droit d'entrer de force dans sa maison, et d'y commettre toutes sortes d'abus, sans qu'il puisse s'en défendre ni se faire rendre justice des vexations injustes et odieuses qu'on y exerce contre ses meubles, que l'on brise, et quelquefois contre sa propre personne, s'il entreprend de faire quelque résistance. Il y a aussi une coquille de mer qu'on appelle la coquille de Jupiter (1), qu'ils prennent pour patron, — Dieu voulût qu'ils ne le prissent pas aussi pour modèle ! Ils la remplissent de vin, et plusieurs de la lie du peuple y boivent, sans observer aucune règle de bienséance ni de sobriété, faisant ainsi servir la coquille de Jupiter à solenniser Bacchus par les excès qu'y commettent ces nouveaux (*sic*) bacchantes, qui semblent vouloir faire revivre les dieux de la fable.

» Ces cornes et cette coquille, avec quelques autres instruments ridicules, sont ordinairement déposées chez le dernier marié, qui est tenu de les représenter toutes les fois qu'il en est requis par les prétendus confrères ; ce qui arrive à chaque nouveau mariage, mais particulièrement le jour du Carnaval, qui est comme le jour de leur fête.

» Ce jour-là, les associés s'assemblent sous la halle, devant la porte de l'église. Six d'entre eux sont commis à la garde de ces prétendues reliques, — car c'est ainsi qu'ils osent les appeler, — pendant que les autres vont forcer tous les gens mariés qu'ils

(1) Sans doute un coquillage de l'espèce de ceux connus sous le nom de *Corne d'Ammon*.

rencontrent, de quelque pays qu'ils soient, de venir leur faire hommage ; ce qui a fait faire bien du mal et a pensé quelquefois occasionner des meurtres, sans compter l'offense de Dieu par les paroles obscènes auxquelles cette honteuse cérémonie donne lieu ; ce qui empêche même les gens du voisinage de venir ce jour-là à la messe pour y satisfaire leur dévotion. Lesdits bois de cerf, de daim, coquilles et autres meubles de cette nature sont évalués, par une délibération des confrères, à la somme de cinq cent trente-six mille livres, dont le dépositaire répond et fournit caution : et le moindre accident qui leur arrive, on estime le dommage à proportion, et on le fait payer au dépositaire, ou par une amende arbitraire, ou par la confiscation de ses meubles, ou en denrées, — ainsi qu'on dit être arrivé plusieurs fois, et notamment à un pauvre cabaretier chez qui on fut boire et manger pendant l'espace de six mois ou même davantage, sans jamais payer ; ce qui le dérangea tellement dans son commerce qu'il fut obligé de vendre une partie de son bien pour se relever, n'étant plus en état de le soutenir autrement ; et la cause de cette injustice... fut un accident arrivé à ce bois de cerf, qui était en dépôt dans sa maison, des étrangers qui y logèrent l'ayant vu, et en ayant, par dérision, coupé un très-petit morceau (1). »

On ne peut s'empêcher de reconnaître, dans ce tableau, divers traits de ressemblance très-marqués avec les usages des confréries ou sociétés des *Fous* de la Bourgogne, et notamment avec celle de la *Mère-Folle* de Dijon. C'était aussi pendant le Carnaval que l'*Infanterie dijonnaise* se livrait à des réjouissances particulières, et revêtait son uniforme, dont la pièce principale était le bonnet à deux cornes. De grotesques délibérations, où certaines formules de droit étaient grossièrement parodiées, évaluaient aussi à des sommes énormes l'étendard et les autres insignes de la Compagnie. Quand une amende était prononcée par le *procureur* de l'association, — désigné sous le nom de *Fiscal vert*, — et que le coupable ne s'exécutait pas, « on envoyait chez lui en garnison, dit l'auteur de très-intéressants *Mémoires pour servir à l'histoire de la fête des Fous* (2), six gardes de la Mère-Folle, qui se faisaient régaler splendide-ment par le traiteur le plus voisin, jusqu'à ce qu'il eût satisfait ;

(1) Archives départementales de la Haute-Vienne, fonds de l'Evêché, art. 164 du classement provisoire.
(2) Du Tillot, Genève, 1751 : petit in-8°.

on détendoit ses tapisseries ; on vendoit ses meubles, et le tout sans modération ni appel ». On trouve quelques rapports entre les formules employées dans certains actes émanant de la société dijonnaise et celles dont se servent, dans deux pièces dont nous parlerons plus loin, les plaisants de Payzac. Faisons toutefois observer que l'association bourguignonne n'avait pas les allures cyniques des *Cornards* périgourdins, et que ses fêtes ne présentaient pas, du moins d'une façon aussi apparente, le côté scabreux des réjouissances de ces derniers, bien que les aventures scandaleuses et les démêlés des mariages mal assortis fussent souvent l'occasion d'une prise d'armes de la fameuse *Infanterie* et d'une sortie de la *Mère-Folle*. — A Limoges, on avait, dans des cas semblables, les *charivaris*, dont l'usage n'a complètement disparu que depuis une trentaine d'années.

Comme l'*abbé des Cornards* d'Evreux, c'est sur un âne (1) et dans un grotesque attirail, avec une pompe ridicule, que les *Cornards* de Payzac promènent leur chef. Par une citation qu'on trouvera un peu plus loin, on verra que le bâton est un des attributs de cette « ancienne et respectable Confrérie », et qu'il a son rôle dans ses fêtes comme dans l'antique fête des Fous (2). Les *Cornards* périgourdins ne vont pas en corps à l'église, comme leurs confrères normands ; mais, à un jour donné, ils s'installent à la porte du lieu saint, et parodient les cérémonies du culte, comme le faisaient leurs devanciers du moyen âge,

---

(1) L'âne apparaît dans presque toutes les cérémonies grotesques du moyen âge. Y figurait-il en vertu de la tradition païenne ? y avait-il été introduit soit par le symbolisme chrétien, soit en souvenir du rôle qu'il avait joué dans certaines circonstances ? L'une et l'autre opinions peuvent être soutenues et l'ont été tour à tour. Si l'âne, au moment de la naissance du Sauveur, se trouva dans la crèche, s'il servit de monture à Jésus-Christ lors de son entrée triomphale dans Jérusalem, on ne doit pas oublier qu'il avait été le fidèle compagnon de Silène, et qu'à ce titre on lui donnait une place dans les fêtes de Bacchus. On sait, de plus, que cet animal était consacré à Priape, en mémoire d'un exploit attribué à ce dernier au cours de l'expédition de Bacchus dans les Indes.

(2) ... *A festis follorum, ubi baculus accipitur, omnino abstineatis* (Concile de Paris de 1212). — La fête du Bâton — *festum Baculi*, — se célébrait en même temps que la fête des Fous. Il en est fait mention dans l'*Histoire Littéraire de la France*, T. XIII, p. 489. Nous avons dit plus haut que le bâton était un des principaux insignes des confréries facétieuses de la Picardie et de la Normandie : il était orné d'attributs rappelant soit la profession des confrères, soit le but de l'association. Le droit de le porter était mis aux enchères entre les membres de la compagnie.

avant que le temple ne fermât ses portes à ces scandaleuses mômeries.

Dans un procès-verbal relatif à la remise à un nouveau sociétaire des *insignes* de la Confrérie, dont il doit prendre soin « en bon père de famille », ces insignes sont ainsi décrits : « Deux grandes cornes, ornées d'un ruban couleur de rose (?) dans le milieu de la tête ; le bâton royal y est placé, orné d'un petit ruban couleur de rose (?). La couronne desdites cornes est incarnate ; le chapeau est du prix qu'on ne peut l'estimer. — Outre une autre grande corne qui sert de fourreau au grand sabre d'honneur, la poignée dudit sabre est armée de petites cornes où il y a un petit ruban couleur de rose (?). En outre, une coquille où (*sic*) Jupiter se servoit pour boire : lesdites cornes, cornichons, sabre, couronne, bâton royal, coquille, le tout évalué à la somme de cent cinquante mille francs, de l'aveu de toute la Frérie des *Cornards* (1). »

Un autre document, qui entre dans de plus grands détails, débute ainsi :

« Aujourdhuy, année de grâce 1770, dans l'assemblée de *Messieurs* tenant le palais de la coutume ancienne et moderne des vénérables cornes et cornichons, après avoir fait lecture devant MM. les présidents desdits cornichons, et donné connaissance aux jeunes mariés de cette noble et respectable Confrérie, etc., etc…, ont tous, anciens et nouveaux, réitéré leur foi, qu'ils se conservoient dans cette noble Confrérie, enceque les jeunes mariés de 1770 seront reçus pour en jouir perpétuellement ainsi que leurs prédécesseurs en avoient joui. En même temps avons déposé lesdites cornes qui doivent servir d'armes à tous les respectables cornards de 1,000 (lieues) à la ronde, chez le vénérable N… ; lesdites cornes, suivies de quatre cornichons attachés à la plate ; un sabre de Roland ; une coquille de Jupiter avec trois rubans ; un grand neuf, fond jaune, double frange en or, évalué 4,000 livres ; un autre, fond rose (?) avec des raies ; un autre, aussi neuf, rouge ; lesdites cornes, rubans et coquilles, sabre, fourreau, chapeau, coquarde, estimés et appréciés par nous, président, à 536,000 francs, non compris dans ladite estimation trois grands (*mot illisible*) de bois d'Inde, un bâton royal, estimé 1,400 livres ; lesquelles armoiries de la présente communauté avons déposées chez un nouveau cornard, nommé P… ; mais, s'y trouvant des difficultés par l'insolvabilité d'icelui, s'est présenté

____

(1) Archives de la Haute-Vienne, art. 164.

M. N..., plus ancien cornard, qui se rend pleige-caution et s'obliger de fournir, si besoin est, lesdites armoiries (1). »

L'évêque intervint-il ? Il ne le paraît pas ; et nous n'avons pu retrouver la réponse qu'il fit à la requête de M. de Vaugoulour et des missionnaires. Mais ceux-ci mirent le temps à profit en attendant cette réponse, et réussirent, en unissant leurs efforts à ceux du curé, à obtenir de plusieurs membres de la confrérie une adhésion à la suppression de cette société. Le dimanche 2 décembre 1770, à la tombée de la nuit, M. Lenoir, accompagné d'un des vicaires de la paroisse, se présenta chez le chirurgien P....., bourgeois de Payzac, lequel était, depuis le carnaval précédent, dépositaire des insignes de la confrérie, et exhiba une pièce dont voici la teneur :

« Aujourd'hui, deuxième jour du mois de décembre, au bourg de Peizac, par^{sse} dudit Peizac, nous soussignés consentons volontairement à la suppression d'une société où l'on fait la cérémonie de baiser et même de se mettre à genouil devant des cornes qu'on porte avec pompe chez tous les nouveaux mariés. En conséquence, permettons au Sr P....., chirurgien de ce bourg de Peizac, de remettre ces cornes entre les mains de Mrs de la Mission, pour les faire brûler, sans qu'ils puissent être inquiétés (2). » Suivaient onze signatures.

Bien qu'au nombre de ces signatures figurât celle du confrère qui s'était porté caution pour lui lors de la remise des insignes de la Compagnie à son domicile, le chirurgien fit des difficultés pour livrer ces objets ; il objecta que tous les membres de l'association n'avaient pas adhéré à la déclaration dont le missionnaire Lenoir était porteur : il craignait sans doute que les récalcitrants ne s'en prissent à lui, et ne le frappassent de quelque amende énorme. N'allait-il pas fournir un nouvel exemple de la terrible vengeance de la compagnie, comme ce malheureux cabaretier dont le mémoire adressé à l'évêché rappelait la pitoyable aventure ? Mais les deux ecclésiastiques, sans écouter ses raisons, se saisirent des insignes de la confrérie, et, triomphants, revinrent au presbytère avec ces trophées.

Ces insignes étaient, paraît-il, la propriété du marquis de Payzac, membre ou patron de la Société, lequel les réclama au curé dès le lendemain. Sur le refus de celui-ci de les restituer, le presbytère reçut, le 4 décembre, la visite de maître

(1) Archives de la Haute-Vienne, art. 164.
(2) *Ibidem.*

Geoffroi Dupinet, « sergent ordinaire immatriculé en la cour de haut et puissant seigneur messire François Dumas, chevalier, seigneur marquis de Payzac, vidame de Limoges, seigneur de Laboire, Laperre et autres places, habitant en son château de Payzac ». Dupinet venait protester contre l'enlèvement « des bois de cerf et de daim, ensemble de la grande coquille de mer » ; — ce qui, ajoutait-il, était « un attentat manifeste, fait de nuit ». Il sommait le curé, de la part du marquis, d'avoir à rendre sur-le-champ les insignes des *Cornards,* déclarant à lui et aux missionnaires que, « à défaut de ce, le seigneur marquis se pourvoieroit comme il verroit bon être, même par la voie criminelle, qu'il se réservoit expressément, n'entendant pas *civiliser* l'affaire ».

Là s'arrêtent les renseignements que nous a fournis le dossier de l'évêché, et c'est grand dommage. Nous ne saurions dire si les « reliques » furent, ou non, restituées au marquis. Ce qu'il y a de certain, c'est que la Confrérie des Cornards de Payzac n'existait plus. Le coup d'andace des deux ecclésiastiques l'avait abattue : elle ne put se relever, et on n'entendit plus, depuis cette époque, parler de ses exploits.

Au verso de la pièce que le missionnaire Lenoir avait présentée au chirurgien, on lit les premiers mots d'un procès-verbal : — « Cejourdhuy, septième du mois de décembre, nous... », — qui devait constater soit la restitution, soit l'anéantissement des insignes de la grotesque confrérie sur laquelle nous nous sommes peut-être un peu trop étendu. L'écrivain s'est brusquement arrêté, et nous le regrettons sincèrement : nous eussions sans doute trouvé là l'épilogue de l'histoire des *Cornards* de Payzac.

Louis GUIBERT.

Nous donnons ci-après le texte de l'ordonnance rendue par Mgr de Tournefort, évêque de Limoges, en vue d'interdire toute représentation de drames ou scènes religieuses au cours des cérémonies de l'Ostension. Ce curieux document nous a paru être l'appendice nécessaire de notre travail, et il mérite à plus d'un titre d'être conservé :

« PROSPER DE TOURNEFORT, par la miséricorde de Dieu et la grâce du Saint-Siége apostolique, Evêque de Limoges.

» Informé que, dans les processions qui ont lieu à l'occasion de l'Ostension solennelle des reliques, dans la ville et le diocèse de

Limoges, on se permet des représentations de nos plus augustes mystères et des actions des saints ; que, loin d'exciter à la piété et de contribuer à l'édification des fidèles, ces représentations, par l'attitude inconvenante des personnages et leur costume, n'offre qu'un spectacle profane propre à faire tourner en dérision ce qu'il y a de plus élevé dans notre sainte religion ; voulant obvier à un aussi grand désordre,

» Nous avons défendu et défendons, tant dans le cours des processions que dans les visites des églises et des reliques, toutes représentations des mystères de Notre-Seigneur et des actions des saints, ainsi que tous discours, récitations en vers ou en prose, en quelque langue que ce soit, qu'on prononcerait à haute et intelligible voix, en l'honneur des saints, et toutes prières autres que celles prescrites ou approuvées par le rit du diocèse ;

» Ordonnons, en conséquence, à MM. les Curés et Desservants de faire fermer la porte de leurs églises respectives à toutes processions, confréries de pénitents, associations, paroisses en corps et à tout individu qui se présenterait avec des habits et costumes autres que ceux qui conviennent à leur état ou à leur confrérie, et d'interdire à toute personne, même revêtue d'habit ordinaire, les discours et récitations ci-dessus défendus.

» Et sera Notre présente ordonnance publiée dans toutes les paroisses et églises où se réunissent les confréries de pénitents.

» Fait à Limoges, le 30 mars 1827.

» † PROSPER, *Évêque de Limoges.*

» Par mandement :

» VENASSIER, *secrétaire.* »

(Extrait du *Bulletin de la Société Archéologique et Historique du Limousin*, T. XXVI.)

Limoges et Paris. — Imp. Chapoulaud frères.